LYRIKEDITION 2000

begründet von Heinz Ludwig Arnold†

Wolfgang Bittner lebt als Schriftsteller in Göttingen. Der promovierte Jurist erhielt mehrere Preise und Auszeichnungen und ist Mitglied im PEN. Er schreibt für Erwachsene, Jugendliche und Kinder, war freier Mitarbeiter bei Zeitungen, Zeitschriften, Hörfunk und Fernsehen und veröffentlichte etwa 80 Bücher, darunter die Romane *Niemandsland* und *Die Heimat, der Krieg und der Goldene Westen*, der Erzählband *Am Yukon* sowie die Gedichtbände *Der schmale Grat* und *Südlich von mir.*

Weitere Informationen unter www.wolfgangbittner.de

Wolfgang Bittner

Unter der Asche die Glut

Gedichte

LYRIK
EDITION
2000

Weitere Informationen über den Verlag und sein Programm unter:
www.allitera.de

Weitere Informationen über die Lyrikedition 2000 unter:
www.lyrikedition-2000.de

Juni 2022
Allitera Verlag
Ein Verlag der Buch&media GmbH, München

Layout, Satz und Umschlaggestaltung: Johanna Conrad
Gesetzt aus der Sabon und Weidemann
Printed in Europe · ISBN 978-3-96233-348-5

Allitera Verlag
Merianstraße 24 · 80637 München
Fon 089 13 92 90 46 · Fax 089 13 92 90 65

Weitere Publikationen aus unserem Programm finden Sie auf www.allitera.de
Kontakt und Bestellungen unter info@allitera.de

In diesem Lande leben wir
wie Fremdlinge im eigenen Haus.
Ausgebrannt sind die Öfen der Revolution,
früherer Feuer Asche liegt uns auf den Lippen,
kälter, immer kältre Kälten sinken in uns.

Friedrich Hölderlin

I

Die Frage

Kompromiss

Es ist, als habe die Welt
ihren Charme verloren,
ihr Gesicht und ihre Gestalt.
Noch immer Sonne und Mond
auf den Wegen,
aber kein freundlicher Gruß,
kein Umarmen.
Die Leitungen surren,
Weihnachten und Ostern
sind ausgesetzt,
die Harmonie ist gecancelt,
der Frühling hinfällig.
So leben wir
in der Gewissheit
unserer Vergänglichkeit.

Die Frage

Reihen sich die Tage
aneinander, fragen wir uns,
du und ich,
wo alles dies stattfindet,
was uns bestimmt,
wohin es führt
und warum gerade jetzt.
In dieser beängstigenden
Unendlichkeit.

Türen und Fenster stehen offen,
von Tag zu Tag wird es wieder heller,
wir beginnen, uns zu erinnern.
Morgens hat uns Gesang geweckt,
und ein gewaltiges irdisches Grün,
das uns bekannt ist
aus allen vergangenen Jahren,
dringt herein
bis in die letzten Winkel.

Unentschieden

Vor dem Fenster türkiser Himmel, streifiger Horizont,
die Sonnenscheibe geviertelt ein Sommertag
durch mich hindurch bis kurz vor den Untergang.
Senkt sich Dunkelheit in das Gehudel, überspringt
Leuchten, Abgeordnete, Portiers, Sphärenmusik
ein Smartphone dudelt einfach so, nennen wir es Erde.

Und was heißt hier Cassiopeia, kosmisches Gekritzel
oder Corona Borealis, wer kennt schon noch Ptolemäus,
begreif es doch: unbegreifbar unzählig endlos. Las gerade
Freud und über Viren, Insemination – ein Anarchismus
breitet sich aus, wir die Wirte künftiger Gesellschaft,
das Ungewisse oder determiniert in der Sackgasse.

Aber schau! Bücherregal die Waschmaschine, dort Hibiskus
Löwenzahn Nouvelle Couisine in diesem Neutrum überall
atmet Wesenhaftes, entsteht vergeht ergänzt sich. Wir
verschwenden uns schicken SMS warten noch, erinnern uns,
Statisten oder so verharren wir zeitnah, vielleicht
ein Haar in der Suppe, ein Funke oder ein Licht.

Ins Fremde

Was wissen wir denn?
In vernebelter Landschaft steht
das Wasser bis zum Hals,
zu viel zum Schlucken.
Blaupausen herrschen monopolar
und Globalplayer jubeln:
Wo es dräut, ist auch Profit.
Das eingefärbte blaue Wunder
leuchtet uns heim ins Fremde,
dazu die gedungenen Zinssätze
und der vergebliche
Aufstand von Kopf auf Fuß.

Suche erfolglos

Allmählich finden wir uns damit ab,
dass der Sinn verborgen bleibt.
Wir verharren in der Zeit,
rechnen uns hoch
und erproben, der Sinnlosigkeit
standzuhalten, womöglich
Bedeutung zu verleihen
in diesen Ausweichmanövern,
diesem vergeblichen Mäandern.

Was weiß denn ich

Was ist fragst du sagst hör mal
du willst es wissen bis wir
kreiseln was soll schon sein
wüsste gern was sein könnte

Ich öffne das Fenster die Bücher
Schubladen Schränke es treibt
mich um auf dem Speicher
Koffer und uralte Truhen inspizieren

Schaue ich mich um
höre zu ich nehme ES wahr
glaub's mir undeutlich zwar doch
eindeutig weiß ich demnächst mehr

Blauweit

Wenn der Himmel blau
und tief und kosmisch,
Sonne hinter Bäumen,
gefiltert, hautwarm:
Scheint mir so, als wäre
Leben ewig.

Schauen in eine offene
Unendlichkeit.
Die Einheit aller Gegensätze
begreifen und
deine und meine Endlichkeit
während eines Augenblicks.

Porträts

Fröhlich blicken uns Gesichter an,
viele, viele, verstreut über die Welt,
sie lachen, jubeln, feiern,
als wäre das Leben ein Fest.

Aber es ist ernst, es ist traurig,
es ist zum Weinen, zum Klagen
und nur für glückliche Stunden
zum Lachen und Freuen.

Millionen Lachende!
Und solche, die noch lachen können,
einen Augenblick lang
für eine kurze Ewigkeit.

Böses Omen

Kampfflugzeuge in der Luft,
ihre Kondensstreifen
malen ein Kreuz
in den Sommerhimmel.
Alles verdreht,
aufrüsten statt abrüsten.
Wieder werden wir zugemüllt
mit Vorkriegspropaganda.
Nach dem Krieg ist
immer noch: vor dem Krieg.

Flüchtling

Woher kommst du, Flüchtling?
Sag mir, woher du kommst.
Warum senkst du den Blick?
Warum schüttelst du den Kopf?
Kommst du aus Syrien, Afghanistan, Somalia?
Aus Libyen, dem Irak, Marokko?
Kommst du aus den sagenhaften
Städten des Orients?
Oder aus dem heimgesuchten Afrika?
Kommst du aus dem goldreichen Mali?
Dem geheimnisvollen Timbuktu?
Vielleicht aus Damaskus, der uralten Metropole
am Fuße des Berges Qasyun,
der Heimat des weisen Sultans Saladin?
Oder aus Sanaa, der liebreizenden Stadt im Jemen
mit den zum Himmel strebenden Lehmhäusern,
jetzt zerstört durch Granaten und Bomben?
Oder kommst du aus der unglücklichen Ukraine,
dem Reich der Kiewer Rus,
einst Kornkammer des Ostens?
Sag mir doch, Fremder, woher du kommst.
Was hat dich aus deiner Heimat vertrieben?
Steht dein Haus noch, gibt es deine Stadt noch?
Wo sind deine Eltern, die dich umsorgt haben?
Wo ist deine Frau, wo sind deine Kinder?
Was hat dich schweigsam gemacht?
Sag, was ist dir geschehen?
Nun komm herein, Fremder, es ist Krieg.
Sag mir, woher du kommst,
nenne mir deinen Namen.

Panikattacke

Ich möchte nicht
von denen geschützt werden,
die mich schützen wollen.
Ich möchte
vor denen geschützt werden,
die mich schützen wollen.

II
Alles fließt

Zur Beruhigung

An manchen Tagen,
wenn der Himmel hängt,
Wolken und Hiobsbotschaften
den Blick verstellen:

Vorzeitig dämmert es,
wir grübeln,
überlegen Ausflüchte,
die Schwere lastet:

Warten wir auf die lichten Tage,
wenn die fruchtbare Erde
uns leicht wird.
Denn nichts bleibt, wie es ist.

Formationen

Auf- und Abwinde,
manchmal Fata Morganen,
gestern noch Nebelwände.
Aber die Wirklichkeit
wieder einmal ganz anders.
Stelle mir vor,
was ich mir vorstelle,
und dann der Blitz,
haarscharf an mir vorbei
auf den Grund.
Auf einmal sehe ich klar:
Vor der Tür
ein fremder Himmel mit
seltsamen Wolkenformen.
Eindrucksvoll diese Würde.

Zocker

Twittert der Betriebswirt aus Loveland grünes Licht
für Warentermine: Rohrzucker, Kaffee, Kakao, Alu, Platin.
Wertbeständig Gold und Immobilien, auch Diamanten.
Immer diese Ermessensentscheidungen, Kauf bricht nicht Miete,
aber am sichersten immer noch: Diäten!
Und schon wieder ein Hype, unglaubliche News:
Parkinson, Flüchtlinge, und Krieg oder nehmen wir Alzheimer
zum Vergessen. Du wirst schon sehen, was es kostet,
wenn die Chlorhühnchen zum Leben erwachen.

Alles fließt

Heute Blumen, morgen Kot,
– *panta rhei* –
und schon sind die Blumen,
die beglückenden, verblüht.

Aber noch dreht sich die Erde,
die Sonne wärmt,
sie erhellt uns den Tag,
der Himmel leuchtet.

Und wachsen neue Blumen,
strahlen und duften,
uns zu erfreuen,
uns zu trösten.

Abseits

Über dem Grün das Blau,
Eschen, Buchen, Himmel,
Kröten quarren
unter Trauerweiden.

Palaver zerreißt das Band,
näher und näher
Gekicher, leeres Stroh:
Fluchtimpuls. Aber wohin?

»Bleib doch«, sagst du,
und: »Schöner Tag!«
Ich: »Schönheit fini.«
Du schüttelst nur den Kopf.

Miniatur

Die alte Fachwerkstadt,
die alten Sandsteinmauern,
die Brücke über den Fluss,
die alten Männer,
die dort kauern,
die renovierten Häuser, hübsch,
wie frisch geschminkte Leichen,
Gesichter voller Überdruss,
ich geh umher,
und suche überall nach Zeichen.

Die Bürger wirken satt,
das Zarte hat sich fortgestohlen,
die Fenster sind geputzt,
der Marktplatz ist gefegt
und Ruhe anempfohlen,
nur in den Gassen
staut sich der Verkehr,
ich fühl mich fremd
und steh herum und schau
den jungen Frauen hinterher.

Farbspiel

Rot ist die Liebe,
bunt die Hoffnung,
blau der Himmel
und grün der Wald.

Weiß ist die Unschuld,
gelb ist der Neid,
schwarz die Justiz und
nachts die Katzen sind grau.

Und tschitscheringrün
mit Donnerwetter kariert:
der Schlager
der nächsten Saison.

Brutstätte

Albert Einstein soll
ein schlechter Vater gewesen sein,
Karl Marx ein schlechter Ehemann,
die Kinderbuchautorin Enid Blyton
eine schlechte Mutter, so auch die
Reformpädagogin Maria Montessori.

Von der Bosheit der Stiefmütter
und der Schwäche der Väter
künden die Märchen,
von den Untaten der Stiefväter
und der Schwäche der Mütter
berichtet die Zeitung.

Die Familie: Überhitzung und
Heimsuchung,
Brutstätte der Neurosen,
zusammengehalten
oft nur vom Scheckbuch,
kleinste Zelle der Gesellschaft.

Befreundet

Er kommt, wenn er gerufen wird,
er kommt auch so vorbei,
geht in den Keller, holt sich Wein,
geht an den Herd, brät sich ein Ei,
verköstigt sich ganz unbeirrt,
entschuldigt sich, doch nur zum Schein,
nimmt Wurst und Käse und Salat,
erzählt dabei von fernem Krieg,
empfindet Einspruch als Verrat.

Gern setzt er sich, er isst sich satt,
er guckt ins Fernsehen, hört Musik,
berichtet über Staat und Stadt,
erfahr von ihm, was er verkündet,
er trinkt die ganze Flasche Wein,
nimmt noch ein Buch, bevor er schwindet,
etwas fahrig, schwankend und allein.

So kommt und geht er, schattenhaft,
es bleiben Reste, die er schafft,
das ist es, was von ihm noch kündet.

III
Sommerfarben

Hyazinthen

Frühling, auch Lenz!
Okay, nehmen wir,
gern mit Sonne!

Lässt Märzenbecher sprießen,
Narzissen, Perlhyazinthen,
erste Tulpen,
Montbretie, Milchstern.

Mit Kreuzspinne und Spitzmaus
ist der Winter dahin.
Kommst mir in deinem
Frühlingssonnenkleid entgegen.

Kirschblüte

Diese schäumende Blüte,
berauschend
in jedem Jahr wieder,
Frühlingshochzeit.
Alles weiß, weiß, weiß,
den Fluss entlang,
die Hänge hinauf
und abwärts ins Tal.
Und dann im Sommer
diese beglückende Süße,
schwarz-rot-gelb.

Sommerabend

So blau der blaue Himmel
an dem zwei rosa Wolken
nach Süden ziehen, gemächlich,
als wären sie auf Urlaub.
Die Schwalben hoch,
sie winken uns zu,
wir träumen den Traum
des friedlichen Tages.
Selbst die Kakteen auf der Fensterbank
haben uns zärtliche Blüten geschenkt.

Gespräch im Park

Sonnentag, der grüne Rasen,
Jogger, Flaneure, Kinderväter
und -mütter auf schattigen Wegen,
auf jeder Bank eine
Besatzung, sie mailt, er liest die SMS,
unverzichtbar die Mailbox checken
im Sitzen oder Gehen:
Wie geht's? Schönes Wetter.
Was gibt's Neues?
Die Hunde treiben
Reality-Komjunikeschn.
Okay, so what oder Wow!

Störenfried

Die Amsel zetert,
sie schimpft,
sie schimpft mich aus,
es ist ihr Garten,
ihre Terrasse, auf der ich
hin und wieder sitzen darf.

Sie pflügt unseren Rasen um,
rupft hier und da Moos,
sie mag Regenwürmer.
Morgens weckt sie mich
viel zu früh
schon im Morgengrauen,
aber Amseln dürfen das.

Ornis

Dieses wundersame Leben
in den Parks, im Wald, in meinem Garten:
Amseln, Meisen, Rotkehlchen, Schwalben,
Finken, Dompfaffen, Stare, Zeisige ...
Sie säen nicht und ernten doch,
zwitschern und jubilieren,
fliegen, flattern, hüpfen,
bauen Nester, füttern die Jungen.
Und wenn es kalt wird,
geht's ab nach Süden,
wo es sich auch leben lässt,
manchmal sorglos und in Freuden.

Kjakk

Im Garten zwei Dohlen,
sie sammeln Raupen und Käfer
für ihre Jungen.
Ein eingespieltes Paar,
sehr human,
sein Nest in unserer Lüftung.
Vier Nestlinge schreien
lauthals nach Futter,
wir dulden sie,
kochen bei offenem Fenster,
bis sie flügge werden.

Sonnenkind

Vorbei die langen dunklen,
die Nächte, erwacht der Baum,
das Fenster schwillt vor Grün.
Und ich schreite aus. Du
verweilst andachtsvoll,
Gesicht in der Sonne,
betest sie an. Gehörst nicht
zu den Wetterwendischen, du,
das Sonnenkind.

Zugfahrt mit Cello

Zierliche Frau, apart, und
der Cellokasten, überragend,
Korea, vermutlich Südkorea.
Kulturell strebsam,
hübsch das schwarze Haar,
fragt: »Are these seats free?«
für sie und ihr Cello.
»Korea?«, frage ich.
Sie nickt und lächelt mich an.

Lockdown

So ging die Sonne auf,
heute eine angefaulte Tomate,
kalt und unwirklich.
Notstand ist angesagt,
verboten die Straße, der Park,
die Wohnung zu verlassen.
Virologen erklären die Welt
und Viren herrschen
im Küchenradio, selbst
in unserem Briefkasten,
in der Suppe, im Fernseher,
flattern über den Blumen
vor der Haustür
und verteilen sich
auf der Fensterscheibe.
Ich beschließe, mich zu waschen
und ein Gedicht zu schreiben,
ist doch schönes Wetter.

IV

Aus der Zeit

Kann mich dunkel erinnern

Kaum verändert der Bahnhof.
Ich gehe über die Straße des Sieges,
die frühere Wilhelmstraße,
zum Hotel Diament, das früher
Schlesischer Hof hieß, ein Fremder
in der alten Heimat, bittet um Quartier.
Man spricht Polnisch.

Wechselvolle Geschichte, so sagt man,
Bernsteinstraße, Hussiten-Kriege, Bierbrauerei,
ausgeplündert, niedergebrannt, zerstört
und immer wieder aufgebaut,
böhmisch, österreichisch, preußisch,
Kohlegruben und Hüttenwerke, Kanonen …
Dann dieses schreckliche Erwachen.

Auf dem Weg zum Marktplatz
die Brücke über den kleinen Fluss.
An diesem Geländer stand ich in einem anderen Sommer
an der Hand meiner Mutter,
das Wasser floss rasch, dunkel wie heute,
die Straßenbahnen quietschten
und Frauen fuhren ihre Babys spazieren.

Dort das »Haus Oberschlesien«, einst nobles Hotel,
erkenne den Brunnen: drei bocksfüßige Faune,
und an der Wand eine Inschrift zum Gedenken
an den 27. Januar 1945,
als die Stadt heimkam – so heißt es –
ins Mutterland Polen.
Das wurde mir anders berichtet;
erinnere mich an Feuer und Rauch
und die Schreie der Geschundenen.

Die Straße steigt leicht an,
gesäumt von den schönen alten Fassaden,

Straßenbahnen quietschen
und Frauen fahren ihre Babys spazieren.
Links das Postamt in ostelbischer Backsteingotik
und schließlich der Markt, wir sagten Ring,
mit dem Rathaus in der Mitte,
wie immer der Neptun auf dem Delphin,
im Karree die schattigen Arkaden,
die Restaurants und Cafés.

An der Ecke ein Drei-Kirchen-Blick.
Vor langer Zeit stand hier ein Kind,
kann mich dunkel erinnern,
auch an den Gasthof »Zum Schwanen«,
wo wir Kutteln aßen,
an Palmenhaus und Stadtwald,
an den Sender Gleiwitz, wo einmal geschossen wurde,
an Schwimmbad und den wachenden Löwen.

Damals, in einem anderen Leben, und jetzt.

Oktoberblues

Sonnenkringel auf Kopfstein gescheckte Platanen
der unendliche Hof schwarz geschottert.
Binnenlandklima heiß und trocken der Sommer,
das Haus schon ziemlich alt drei Parteien:
Oremek Rosenzweig Kasubke wir unten.

Kam Tante Casimira aus Schwientochlowitz
küsste feucht, Onkel Alois blieb Untertage.
In Krolewska Huta spielten sie Schalmei
trugen Federkappen goldene Knöpfe ihre Standarte,
auch im Krieg gab es deftig zu essen.

Galant grüßte der Scharführer die Mutter
führte Herrn und Frau Rosenzweig zum Auto.
Weinte die Mutter, aber niemand wusste Bescheid,
nur Herr Oremek verteilte Flugblätter und
pfiff einmal leise ein russisches Arbeiterlied.

Dann war alles anders, der Keller die Einschläge,
heulte eines Morgens die Sirene zum Sammeln
zog ich feste Schuhe an, die Lok stieß Rauch aus
Ruinen überall sagte die Mutter »Hab keine Angst«,
gab mir verstohlen ein Butterbrot so zum Trost.

Weißt du noch?

Weißt du noch, Mutter?
Markerschütternd die zerborstene Haustür
Maschinenpistolen Kampfanzüge
der Inhalt der Schränke und Schubladen
hinten das ohrenzerreißende Kreischen.

Westwärts dann bis zum Erbrechen
Viehwagen Breslau-Berlin
aschgrau die frostigen Wolken
die schwarzen Schornstein-Stelen
in dieser erkalteten Trümmerlandschaft.

Krätze ein Wanzenbunker everybody DDT.
Weißt du noch? Das Gesinde-Hunger-Haus
der endlose Weg die Frostbeulen
Besatzungszone Übergangslager Nissenhütte
und das trockene Brot der frühen Jahre.

Kieselsteine

Nachts kam der Vater,
als wäre er noch jung,
grünes Dämmerlicht,
wir waren im Wald.
Schwarze Schaftstiefel trug er,
Breecheshosen und Koppel,
wir sammelten Steine.
Plötzlich waren es Pilze,
»köstlich«, sagte der Vater
und gab mir einen Korb.
Der Nadelboden
schluckte die Schritte.

Auch die Mutter,
sie winkte uns zu,
Kostüm, Highheels und Hut,
tief versanken ihre Absätze,
so grün das Moos
und die hohen Fichten.
Sie lachte und rief etwas,
sehr natürlich und
auch noch ziemlich jung.
Ich wollte zu ihr,
doch der Eichelhäher
warnte vor dem Förster.

Gedenken

Wenn die Toten zu uns kommen,
als träumten wir.
Aber sie begleiten uns,
unaufdringlich-wirklich,
sprechen zu denen,
die sie verstehen.

Sie sind uns gewogen,
unsere Toten.
Wenn wir wollen, hören wir sie,
Sie sind uns nah, viele.
Uns Lebenden
gilt ihr Beileid.

Geadelt

Auf dem Berg dort
die Burg, drüben das Schloss,
überall noch Historie,
nobel, ansehnlich, hier und da
die Ruinen von gestern.
Der Starost von Tarnowitz
ließ es schleifen: Klein Versailles,
Geschenk des Fürsten
an seine Mätresse.
Nur noch Rasen und Park.
Im verschonten Kavalierspalais
ein feudales Café,
stark frequentiert.

Beim Umschauen

Was ist geschehen?
Wir legen den Kopf in den Nacken,
merken auf, horchen.
Keine Antwort!

Schauen wir uns um,
folgt uns eine vermummte Gestalt
stolzen Schrittes. Selbst wenn sie wollte,
könnte sie den Himmel nicht sehen.

Wem ist noch zu trauen?
Manager horten Gold
und Beamte warten auf die Pension.
Aber wer liefert noch die gute Arbeit?

Was ist geschehen?
Nobilitäten und Exzellenzen erzeugen
diese Wolken aus Sumpfgas.
Hätten wir uns das je träumen lassen?

Der IM hat gestaunt*

Verkrachte Existenz, wie man so sagt,
vier Sprachen perfekt, abgeschlossenes
Hochschulstudium und zehn Jahre Diplomat,
laut Dossier des Innenministers hochintelligent,
aus gutem Haus, eigentlich höflich, kultiviert.
Dann von heut auf morgen der Bruch.

Völlig unverständlich für die Kollegen,
die glänzende Karriere, das gute Einkommen,
Pensionsberechtigung aufgegeben.
Was ist nur los mit ihm?
Verstimmungen auf einmal, depressive Schübe,
Anflüge von Hass. Der IM hat gestaunt:

Schlechter Umgang, die falsche Lektüre,
auch Bücher können anzetteln, verführen,
aufwiegeln, anstiften, sich zu widersetzen …
Ganz plötzlich pazifistische Anwandlungen,
hält manchmal Reden gegen den Präsidenten,
unser aller ehrwürdige Exzellenz.

*Inoffizieller Mitarbeiter des Ministeriums für Staatssicherheit

Aus der Zeit

Den ganzen Tag gewartet,
die ganze Woche,
seit Monaten, immer noch
mit geschlossenem Mund.
Wer weiß, worauf?

Nicht gejammert, niemals,
aber schlecht geht's,
aus der Zeit gefallen,
Depression oder Burnout
oder wie es so heißt.

Gib dich nicht verloren,
sagst du, hast gut reden.
Sie üben schon wieder
und schießen und bomben,
haben nichts begriffen.

Nachtvögel

Die Nacht ist dunkelblau
und dunkelrot und grau,
und die Gedanken kommen
und gehen und kommen,
vertreiben den Schlaf.
Sie schwirren um meinen Kopf,
die schwarzen Vögel der Nacht,
sie umkreisen mich, flattern,
krakeelen, plustern sich,
sie stoßen nieder,
wieder und wieder.

Ich schreie: Halt! Ruhe! Aber
sie krächzen in meinem Kopf,
sie schwirren und lärmen,
belagern ihre Beute. Die
schwarzen Vögel, sie hocken
auf mir, sie zerren und picken,
wollen mich besetzen.
Und wehre mich,
ihr Krächzen in meinem Kopf –
bis es dämmert.
Bis es endlich hell wird.

Lebenssaft

Es geht, solange es geht,
sagst du,
heute kein Trost.
Als Kind habe ich mich
manchmal geschnitten,
beim Basteln, Brotschneiden –
scharfer Schmerz,
ein Heftpflaster, eine Binde
in der Erinnerung.

Blut: ein besonderer Saft,
die Skala beweist es
und entmutigt
bis auf Weiteres.
Glaub mir:
Endlichkeit trotz allem –
heute ein scharfer Schmerz.

Am Tropf

Block 1, siebente Etage,
das Bett am Fenster,
der Blick auf ferne Berge,
davor der Schornstein
der zentralen Heizanlage,
nachts rot beleuchtet.

Liegen und warten,
der Kopf benommen,
irgendwo schmerzt es.

Kein Mensch nirgends,
nur eine Klingel,
bei Bedarf Fernsehen oder
Radio, Schlagerparade:
»Dieses Kribbeln im Bauch
kennst du doch auch …«

Liegen und warten.
Und jeder stirbt
                    für sich allein.

Die Botschaft

Und eines Tages
in der Ferne
ein Feuerschein,
und Rauch wird aufsteigen
himmelhoch,
plötzlich wird es stürmen,
Asche regnen und
mitten im Sommer
wird es schneien.

Einen Moment lang
werden wir wissen,
dass sich die Prophezeiung
erfüllt hat.

V

Feindlich

Feindbild

Es wird kalt
und kälter
von Tag zu Tag.

Zittern die kahlen Zweige
der Pappeln
vor dem grauen Himmel,
Schnee rieselt
auf gefrorene Erde.

Wir bleiben zu Haus,
lesen von Manövern
und dass begrenzte
taktische Atomschläge
möglich seien.

Gegen einen Feind.

Abwärts

Treiben im lauwarmen Strom:
Beflissen die GottesanbeterInnen,
Einhandsegler und erschöpfte Dandys.
Auf verlassenen Klippen suchen Glücksritter
Entspannung in entwidmeten Casinos.
Rabattmarken gehen von Hand zu Hand.

Die Achsen sind verschoben,
keine Pole mehr, kein Horoskop,
der Kompass ist außer Gefecht.
Phrasendrescher drehen Pirouetten
auf Kunsteis, ihre gleißenden Kostüme
blenden begeisterte Hooligans.

Spät im Herbst

Dunkle Tage,
Blätter fallen, und
Atombomber patrouillieren,
Flüchtlinge kommen.

Könnte Krieg geben,
heißt es jetzt,
auch bei uns
wieder einmal.

Der Feind ist geortet,
wir sollen ihn hassen,
ohnmächtig
aufrüsten.

Was können wir denn?
In diesem Irrenhaus
der Schafe und Böcke
und ihrer Schlächter.

Können-wollen-dürfen

Verstehen wollen, das Warum,
erkennen können, das Woher
all dieses Schreckens.

Die Städte brennen,
Flüchtende, Getriebene
suchen Heimat. Die
Hoffnungen zerbombt,
die Träume zerfleddert,
zerstörte Länder und Seelen.

Drahtzieher herrschen,
Marionetten haben Konjunktur,
Edelfedern und Spiegelfechter.
Sie sagen, was wir dürfen,
und meinen, was viele
längst ahnen: Ich Ich Ich.

Trümmer

Die Skelette der Häuser,
die Baumstümpfe,
alles zertrümmert, verkohlt,
keine Vergangenheit mehr.

Wohin sich wenden?
Im Dunst weinen die Steine,
weder Strauch noch Vögel.
Ich kehre den Rücken.

Wir wussten Bescheid,
warnten vergeblich,
erinnerst du dich?
Niemand wollte es glauben.

Wie geht es dir jetzt?
Schaust du nach vorn?
Keine Angst, bitte!
Es ist nur das Übliche.

Bomben-Stimmung

Ganze Länder zerstört,
aufgemischt, entstaatlicht, chaotisiert.
Hunderttausenden das Leben genommen,
Millionen in die Flucht getrieben,
Abermillionen die Existenz entzogen,
Hunger und Not verbreitet.

Menschlichkeit, ein schöner Traum,
ein Vorwand,
»humanitäre Einsätze«, heißt das
oder »Demokratisierung«.
In Wahrheit: Profit, Rendite,
Strategie und Größenwahn.

Zurück bleiben: ein Schlachtfeld,
die Weinenden, Leidenden,
die Entrechteten und Bedürftigen,
die tickenden Zeitbomben –
und das Staatstheater
Terrorismushysterie.

Totengräber

Sie lesen unsere Mails,
sie kennen unsere Kontakte,
sie lesen, dass wir sie
Verbrecher nennen.

Sie hören, was wir sagen,
sie hören, worüber wir traurig sind,
sie hören, dass wir wütend sind,
sie hören, dass wir sie
gewissenlos nennen.

Sie kennen unsere Vorlieben,
sie kennen unsere Abneigungen,
unsere Krankheiten,
unseren Kontostand,
sie wissen, was wir kaufen,
sie wissen, wen wir lieben.

Sie sammeln und registrieren,
sie spitzeln und diffamieren,
sie zerstören Existenzen,
verantwortlich für Umsturz und Mord,
sie sind legal-illegal,
Hunderttausende.

Sie wissen, was sie tun,
sie kennen die Verfassung,
die sie missachten,
sie wissen, dass wir sie hassen,
aber sie machen, was sie wollen
und was geduldet wird.

Kriegstrommeln

Wieder eines dieser Manöver,
Panzer, Kampfjets, Artillerie,
Kurz- und Mittelstreckenraketen,
B-52-Bomber, atomar bewaffnet,
an fremden Grenzen, sie lachen,
sagen: »Our Big Ugly Fat Fuckers«.

Könnte sein, wir werden
absichtlich oder versehentlich
entsorgt. Eigentlich ist es
aussichtslos, kein Entkommen.
Aber Aufgeben ist
noch keine Alternative.

In Ordnung

So überwintern wir in den
Laufgräben der Zivilisation,
reden uns ein, es sei
immer schon so gewesen:
Betrug, Korruption,
Diebstahl, Mord und Krieg –
eigentlich alles in Ordnung.

Wir sind gut aufgestellt,
sagen unsere Politiker,
die Medien winken ihnen zu,
noch brummt die Wirtschaft.
So entstehen Karrieren:
Volksvertreter und Manager,
Wissenschaftler und Stars ...

Schnell noch eine Scheibe
abschneiden, schnell noch
die Puppen tanzen lassen,
bevor der Kuchen zerbröselt,
bevor dann eines Tages,
erwartet und doch unverhofft,
alles verdampft.

Keinen Krieg!

Die Deutschen wollen keinen Krieg,
glaub's mir, sie wolln in Frieden leben,
die Alten wissen noch vom »Endsieg«,
von Breslau, Berlin und Stalingrad,
vom Lied: Ich hatt' nen Kamerad',
von Millionen Toten, Invaliden,
von Witwen, Waisen und von Briefen,
in denen stand:
Gefallen auf dem Feld der Ehre
für Führer, Volk und Vaterland.
Sie kennen noch die Leere,
wie Stimmen nachts nach ihnen riefen
von irgendwo in »Feindesland«,
dort aus der Gräber Tiefen.

Die Russen, auch sie wolln keinen Krieg,
auch sie wolln friedlich leben,
sie brauchen weder Streit noch Sieg,
unsern Vätern haben sie vergeben.
Die Jungen, auch sie wolln keinen Krieg,
sie wollen keine Heuchelei,
keine Hetze, kein Hurrageschrei,
kein Morden, keine Metzelei,
keinen Krieg, sie wollen Frieden!
Glaub's mir, sie haben sich entschieden!
Und auch die Russen wollen Frieden.

Kriegsbericht

Die Kinder mit den
großen traurigen Augen,
den Krieg gewohnt und
am Entsetzlichen geschult,
vor den zerbombten Häusern.
Sie schauen uns an.

Lebenswert

Bei einem Angriff
auf eine Abtreibungsklinik
in Colorado/USA
zur Verteidigung
werdenden Lebens
erschoss ein Mann
einen Polizisten
und zwei Unbeteiligte.

VI
Hoffnung

Wende

Schauen in eine offene
blaue Unendlichkeit.
Wieder steigt das Licht
und mit ihm der Mut.
Das Alte vergeht,
schon sprießt das Neue hervor,
Haselkätzchen am Wegrand.

Agnostiker

Was für ein Wort:
Agnostizismus.
Du bekennst dich
zu agnosia, dem Nichterkennen
und einem Ismus,
einem von vielen.

Wir trinken und
du offenbarst dich
bei Bier und Wodka.
Aber ich glaube
an Engel und an die
Einheit aller Gegensätze.

Schattenbaum

Sonnenbadetag, heute
blau und grün und gold,
Wasserwiesenhimmel,
du musst dich lösen.
Entspanne dich
unter dem Schattenbaum:
Glaub mir, du schaffst es.
Burnoutprophylaxe,
Traumaselbstregulierung und
wovon sonst noch
so gesprochen wird.
Hast du gehört?
Glaub mir, du schaffst es,
einfach mal loslassen.
Jetzt, jetzt, jetzt.
Wann denn sonst?

Freundlich

Aus dem Haus kommend
eine Nachbarin grüßen,
in den Himmel schauen,
über die Wiese laufen,
den Wind schmecken,
die Vögel hören,
den Duft der Blumen wahrnehmen,
den Bienen zuschauen,
einen Baum umarmen
und natürlich dich.

Vision

Und wenn
das letzte Stücken Erde
zugeparkt ist,
wird man feststellen,
dass man Autos
nicht atmen kann.

Grün das Herz

(Für Löns)

Blüht bald die Heide,
weißt du noch, Rosemarie?
Weißt du noch: Sieben Jahre
rief er, der Dichter, war schon
älter, das Herz!

Notierte: Rosemarie
auf der grünen, der Heide.
Schrie, jahrelang schrie er,
der Dichter, doch du,
Rosemarie, erhörtest ihn nie.

O Mond

Du leuchtender Verzauberer
mein Oh-Mond,
scheine mir
auf den Kreuzweg,
o Mond,
silbriger Vater.
Die Stadt fährt fort
nach Ibiza und Bali,
ich bleibe
in deiner Obhut.

Dernier Cri

Schrei doch so laut du kannst
und so viel du willst
solange du noch kannst
ändert nichts wer weiß.
Vielleicht hört dich jemand
ihr schreit im Duett
laut und durchdringend
stimmen andere ein
bis sich ein Schreikonzert
nach und nach verbreitet
übers Land die Welt und
womöglich ändert es sich.

Zwiespalt

Mein Freund will
sein Leben beenden,
eigenhändig, sagt er,
demnächst.
Die Tabletten liegen bereit.
Aber vorerst
ernährt er sich
biodynamisch.

VII

Gerüchte

Zu Hause

Ameisen unterwandern
Wege, ganze Stadtviertel,
die Zecken werden
wieder munter,
Efeu verbreitet sich
und Misteln besetzen
die Alleen.

Wir bleiben lange schon
zu Hause, schätzen
geistige Genüsse. Warum
noch fremde Länder und
Erdteile durchwandern
im Pulk der Globetrotter?
Abenteuer finden
uns überall.
Wir bemerkten es
erst vor Kurzem.

Gerüchte

Hast du schon die Zeitung gelesen?
Es soll eine Raupeninvasion geben.
Sie fallen in Gärten und Parks ein,
fressen alles weg und rauben
den alten Frauen die Handtaschen.
Manche rotten sich zusammen,
feiern im Keller wilde Sexpartys,
nehmen uns die Arbeitsplätze weg
oder brechen ins Wochenendhaus
von Frau Pomerenning ein.

Konjunktion

Wir verständigen uns über Socken,
Schuhgröße, Länge, Farbe und
die Monogramme in den Tischdecken.
Sie strickt, häkelt und stickt
wie um ihr Leben, ob
Ostern, Weihnachten, Schneetreiben
oder schwüle Sommertage am Badesee,
immer warme Füße, das sei das A und O,
Schafswollen natürlich in tadelloser Verbundenheit.
Dazu lange Briefe, handgeschrieben,
ohne Wenn und Aber, entzifferbar und floskelfrei,
aber ihre Geheimnisse behält sie für sich.
Obwohl sie mich immer wieder überzeugt,
kenne ich sie nur flüchtig,
hätte ich um ihre Vorzüge gewusst,
wären wir uns früher einmal
ganz unverbindlich näher gekommen.

Vorstadtmonolog

Kein Tausendschönchen blüht mir,
kein Sandweg führt zum Horizont.
Zwischen Schnellstraße und Bahndamm
knallen die Garagentüren,
vorm Supermarkt die Jugendlichen,
Tanderadei, Tanderadum,
suchen den gestrigen Tag.

Von den Balkons blättert die Farbe,
Pfennigfuchser stutzen eifrig
ihre Bonsais, eine alte Frau
schlurft zur Apotheke. Und
am Straßenrand häuft sich,
Tanderadei, Tanderadum,
der Dreck von tausend Hunden.

Etwas eigen

Er hält sich eine Wasserschlange,
er tourt im Jeep durch die Sahara,
überall schon gewesen:
Galapagos, Lhasa, Macau, Bahrain …
Sein Lebensziel: Ein Weltraumflug.

Gut geerbt, Reserve in Gold,
ein Zimmer voller Andenken,
und zur Entspannung fliegt er
am Wochenende First Class
nach Monte-Carlo und zurück.

Ameisen-Welt

Die ganze Welt von oben:
ein mächtiger Ameisenhaufen,
geordnetes Staatswesen,
Wege, Straßen und Wohnungen.
Hin und her eilen die Bürger,
so lässt es sich leben.

Doch dann der Dachs:
ein Überfall. Zerstört
der Haufen, gefressen die Brut.
Eilen die Bürger hin und her,
ackern und bauen himmelhoch.
Das Leben geht weiter.

Doch dann der Fuchs,
und dann der Specht,
und dann die Schweinebande,
scharf auf Ameiseneier,
alle kommen und gehen.
Bis zum bitteren Ende.

Endlos

An einem schönen Sommertag
im Garten sitzen,
in den Himmel schauen
und plötzlich der Knall:
Durchbruch da oben,
Kondensstreifen kreuz und quer.
Schon wieder üben sie Überschall
in dieser wunderbaren Bläue
für den nächsten Krieg.

Jahrhundert

Es steht in der Zeitung,
das Fernsehen berichtet,
Tag für Tag Wahnsinn:
So viel Hass,
so viel Gewalt,
Intoleranz, Fanatismus.

Verwüstete Wohnungen bedeutet das,
Bücher aus dem Regal geworfen,
Matratzen aufgeschlitzt,
Bespitzelungen, Bedrohungen,
Folter und Mord,
die vielen Kriege.

Wer sind die Täter?
Wie leben sie?
Wissen sie, was sie tun?
Was antworten sie,
wenn sie gefragt werden?
Wir fragen sie!

Meinung

Bei uns herrscht
Meinungsfreiheit.
Wer anderer Meinung ist,
darf sich nicht beschweren.

Lauter Dichter

Denken, sie haben ihr Leben
noch vor sich,
preisverdächtig seit Jahren schon,
die altgewordenen Kinder
dichten und dichten:

Ich, ichich!
Schaut nur, schaut doch bitte!
Das alles
vom Munde abgespart,
komponiert, kopiert und kompiliert
auf dem trockenen Parnass,

ist ja Literatur, womöglich Lyrik.
So das bedürftige Leben
im Hain der Göttinnen, aber
wer kann schon davon leben.

Schattendichter

Es gibt Schriftsteller
und es gibt Schriftstehler.
Letztere verfügen über
unendlich viele Ideen.

VIII
Wetterwechsel

Harmoniebedarf

Die angespannten Gesichter starr die Sorgen Endzeit-Augen
schmallippig konzentriert. Die prallen Einkaufstaschen
Beutel Körbe Wagen berauschter Versorgung ja schau nur
Mettwürste Emmentaler Toastbrot und Schnaps. Kein Wort
das Smartphone bellt die Konkurrenz Toilettenpapier
ausverkauft und Propheten spekulieren auf sieben oder acht
altägyptische Jahre womöglich kosmische Invasion.
Wer weiß schon wo und wann und woher der Wind
wie auch immer besser kann man sich nicht vorbereiten
vorsehen gegen alle gegen alles ohne die Gewissheit.
Musst fügsam denen vertrauen den Jongleuren
die dich einschätzen die so überzeugend mutmaßen und
den Sprecher bedienen aber die Zukunft wird es uns lehren.

Passage

Der Morgen spricht mich an
mit heiserer Kehle,
noch schlaf ich halb,
halb wache ich,
und langsam kommen die Befehle
hinein ins Leben körperlich
mich zu begeben –
Seele
noch soeben.

Frontverlauf

Schwere Tage, schlaflose Nächte,
und die Frage nach dem Frontverlauf.
Der Wehrmachtsbericht sendet
Vorstöße an allen Fronten.
Schutzräume heißt das jetzt,
und bunkern sollen wir
Wasser, Mehl und Reis und Öl.
Aber lesen wir zwischen den Zeilen,
lauschen wir dem Gewisper,
kommt das Grauen zu uns,
jählings und erbarmungslos.

Tagesschau

Schau nur, Mutter, s'ist Krieg, hurra!
Bomben fallen wie aus fernen Himmeln,
Granaten schlagen ein, doch nur woanders,
und Panzer preschen durch den Dreck
in Gegenden, die wir aus Träumen kennen.

Schau nur, wie stolz sie Waffen tragen,
hart wie Kruppstahl, tapfer triumphal,
der Feind wird ausgemerzt, wir werden siegen.
Aber klar doch, Mutter! Möcht dein Sohn dabei sein,
möchte sich ermannen auf 'nem Feld der Ehre.

Heidebild

In der Ferne Wacholder,
ein seltener Sandweg,
das uralte Bild.
Zu zweit: der Münsterländer
bei Fuß dressiert,

anhänglich und nützlich
in diesen Zeiten
der Brüche,
M. bellt, er steht vor,
ja, grün ist die Heide.

Hebt sich der Blick
zum Horizont,
der Blick zum Himmel
segnet uns beizeiten,
Rehe auf dem Feld.

Ist's Abend,
wühlen Wildschweine
und heult das Rudel
den Mond an,
ja, rot ist die Heide.

Kommunikation

So ein Smartphone
hat den Vorteil,
dass man sich
morgens beim Frühstück
und auch nach Feierabend
in aller Ruhe
mit seiner Frau
oder seinem Mann
austauschen kann.

Kölner Flair

Sie erben Häuser, Geschäfte,
Aktienpakete, sehen aus wie
du und ich, Tünnes und Schäl.
Vor Jahren wurde ein zeitweise
bekannter Dichter überfahren.
Aber wen interessieren schon Dichter?

Bischof, Präsident und Bankier
pokern im Kaminzimmer,
der Verleger möchte geadelt werden,
der Intendant berichtet aus Samarkand,
die Redakteure fliegen
nach New York, Tokio, Rio de Janeiro.
So hat jeder seine Ziele.

Einwilderung

Hörtest Wölfe heulen. Zauberhaft, sprich Renaturierung,
Belebung und Echtzeit-Abenteuer.
Dass Germaniens Wälder erwachen, in Bälde auch Bären,
anheimelnd die Haifische im Bodensee, Krokodile im Rhein
und die Cobras im Weinberg. Warum nicht Vogelspinnen,
Warane, Hyänen ... Na, was sagst du?

Schau nur! Über den Dächern und Parks
die Flughunde und der Krähenschwärme krächzender Zug.
Sollen Flugsaurier gesichtet sein, genannt Archaeopteryxe,
sogar die eleganten Pteranodons und der gewaltige
Quetzalcoatlus. Na, was sagst du? Aufregend, nicht wahr?
Ein ganz neues Lebensgefühl, ist ja sonst nichts los.

Nördliche Landschaft

(In memoriam Jack London)

Wie erfunden der Himmel,
tief und rötlich des Nachts,
über diesen wunderbaren Wäldern,
heißt: am Rande der verorteten Welt
traumhaftes Überlebensgrün
so weit das Auge reicht,
nachtaktiv: Wölfe, sogar Grizzlys
(eigentlich bin ich überflüssig).

Du bleibst lieber zu Hause,
schickst postlagernd dorthin,
wo einer vor 120 Jahren
an der Theke stand,
glückloser Prospektor (Gold)
und skorbutischer Alkoholiker,
er schrieb die Storys auf.
Wer kennt schon noch die Namen.

Lange her die Abenteuer
in schwülen Salons,
Cancan und Roulette,
kaprizierte Süchte, Männer
wie Baumstümpfe
und das passende Gescherr,
morgens golden,
über Nacht vergeudet.

Auf gebretterten Trottoirs
pochen Stiefelabsätze,
Schlamm auf zerfahrenen Straßen,
windschief ein Relikt von damals.
Gestern schrieb ich dir
(Blick über den Strom)
von Knochenarbeit und dass Wölfe
mondlos heulen, meint: Ich bin hier.

Szene gegenwärtig

(In memoriam Cor Guimond)

Aus dem mannshohen Schilf
stößt das Kanu hervor,
echte Szene, winkt mir zu,
bewaffnet, Winchester 98.
Das war der Schuss
an der Salzlecke:
Elchschaufeln ragen über Bord
wie abgestorbene Äste.

Er lacht, kommt auf mich zu,
»Howgh!«, ruft er zum Spaß,
hat Cooper gelesen und Karl May.
Kurz eine Selbstgedrehte,
schenkt mir Steaks
und verschwindet aus dem Blickfeld.
Später haben wir ein Boot gebaut
und königliche Lachse gefischt.

IX
Irrungen

Entwicklung

Aus der Jagd
Auf das Mammut
Wurde die Jagd
Auf den Mammon

Lähmungen

Zu schwer das alles, zu viel,
zu undurchdringlich, schattenhaft.
Kein Corpus Delicti,
die Füße kleben am Boden,
maßlos der Body-Mass-Index,
der umnebelte Kopf
türmt Muschelschutt.
Häuft sich Gedankengestrüpp:
Wie weiter? Heute
fallen Weihnachten und Ostern
auf einen Tag,
Ameisen unterminieren das Haus
und in den Bäumen
die Krähenschar beobachtet
Schritt und Tritt, krächzt
ihr Kredo für die Medien.

Komjunikeschn

Hello, hier Handyman!
Wer da?
Aha.
Wie ist die Lage?
Keine Frage.
Grau in grau.
Whau!
Vermisse dich,
beeile mich.
Hier Regen,
die Kollegen ...
Massig Verkehr,
ja, dann bis nachher.
Okay/Hei!
Bye!

Pauschalurlaub

Die kleinen Birken sind angebunden,
damit sie nicht weglaufen,
und magere Hunde
schnüren von Schatten zu Schatten.
Ein Hotel jagt das andere,
in den künstlichen Straßen promenieren
Plüschtiere, Sonnenbrillen, Geschlechtlichkeit ...
Da, wo die großen Kräne stehen,
beginnt das Meer,
der Strand ist gepflastert
mit Sonnenschirmen und Liegen.
»Eine Verirrung«, sage ich.
Du: »Was verlangst du für diesen Preis?«

Beziehung

Sie biss sich
an ihm
die Zähne aus,
und er behielt
die Narben.

Abends Spielfilm

Die Guten sind redlich,
die Bösen schlecht,
die Männer sind tätlich,
den Frauen ist's recht,
und manche sind schön,
manche Vampire,
und manche steh'n
auf Männer wie Stiere,
die besitzen noch Mut
und opfern ihr Blut,
denn die Bösen sind böse
und die Guten sind gut.

Und Geld ist Geld,
und reich bleibt reich,
und ein Held ist ein Held,
und gleich bleibt sich gleich,
und die Mörder morden,
und die Liebenden lieben,
und die Indianerhorden
werden aufgerieben,
und die Soldaten schießen,
und die Genießer genießen
und die Lügner lügen,
und die Betrüger betrügen.

Und die Vampire saugen
mit lüsternen Augen,
und die Flieger fliegen,
und die Sieger siegen,
die Showmaster quatschen,
die Zuschauer klatschen,
und die Sänger singen,
und die Glocken klingen,
und die Wälder rauschen,

und die Zuhörer lauschen,
und die Armen sind arm,
dass es Gott erbarm.

Und dann am Ende
wird der Gute belohnt
und der Böse gerichtet,
wie gewohnt,
manchmal unverdrossen
einfach erschossen,
jedenfalls vernichtet,
oder er kommt in den Bau
und zum guten Schluss,
nach dem letzten Schuss,
gehört dem Sieger
dann immer die Frau.

So ist es eben,
das tägliche Leben
abends zu Haus,
so lebt man sich aus,
und dumm bleibt dumm,
so war es schon immer,
und stumm bleibt stumm,
es wird eher schlimmer,
und nach dem letzten Schuss
und dem letzten Kuss
ist alles vollbracht –
nun, gute Nacht.

Loreley

Unten die Klippen,
oben Fahnen,
dort kämmte die Jungfrau
ihr goldenes Haar,
die Schiffer ertranken.

Sie kämmen
schon lange nicht mehr,
die Loreleyen,
singen nicht, kommen
gleich zur Sache.

Vatermutterland

Mein Vaterland ist abgebrannt
Mein Mutterland gestorben
Mein Kinderland ist anderswo
Mein Heimatland verdorben

Zuhause ist das Geradedort
Wo meine Füße stehen
An diesem und an jenem Ort
So im Hinübergehen

Play Rilke

Die Blätter fallen nicht von Bäumen,
Sie fallen wie von weit.
Als welkten nicht die Pflanzen,
Sondern ferne Gärten in den Himmeln.
Die Blätter fallen mit verneinender Gebärde,
Sie fallen in des Dichtes kühnen Träumen.

Und so fällt auch des Nachts die schwere Erde
Aus allen Sternen in die Einsamkeit,
In der des Dichters bunte Bilder tanzen.

Er sagt: Wir alle fallen,
Und: Diese Hand da fällt,
Man seh' sich andre an: Es sei in allen.

Und doch sei Einer, der dies Fallen
Unendlich sanft in seinen Händen halte.
So etwa, wie der Dichter seinen Bleistift hält.

Zahltag

(Sehr frei nach Rilke)

He, es ist Zeit! Ihr seid schon lange breit!
Macht euch auf die Socken, hört auf zu zocken!
Und ihr auf den Fluren, hört auf zu huren!

Die letzten Früchtchen werden bald schon voll sein,
Sie nehmen noch 'ne Lage Schnaps und Bier,
Dann setzt der Wirt sie endlich vor die Tür
Und haut dem allerletzten noch eins rein.

Wer jetzt kein Haus hat, baut sich keines mehr.
Wer jetzt allein ist, wird es lange bleiben.
Er wird natürlich keine Briefe schreiben,
Sondern in den dunklen Straßen hin und her
Torkeln und allerlei dumme Dinge treiben.

Im Schafstall

(Chorgesang)

Im Schafstall ist es schön,
im Schafstall ist es warm,
wir wollen nicht hinaus,
wir sind im Stall zu Haus.

Im Schafstall ist der Mief so warm
und draußen weht der Wind so kalt,
wir wollen nicht hinaus,
wir sind im Stall zu Haus.

Im Schafstall ist es warm
und keinen lockt die offene Tür,
wir dreh'n uns um mit Grausen,
wir woll'n im Schafstall hausen.

(Zur Begleitung das Blöken von Schafen)

X

Umeinander

Birken

Seitlich des Sandwegs
die hellen Birken,
das milde Grün,
es empfängt mich
mit dezenter Zuneigung,
die gescheckten Stämme
wirken beseelt.

Sie stehen bescheiden
wo sie hingehören,
grazil wie junge Frauen.

Ich will sie dir zeigen
in ihrem Frühlingsgrün
im nächsten Jahr,
werde den Weg
mit dir gehen.

Versprechen

Schlaf nur, der Morgen
kommt gewiss, das Licht,
das uns gesunden lässt,
die dunklen Gedanken
nimmt es fort.

Heute werde ich rasch
zum Bäcker laufen,
frühstücken werden wir,
ein bisschen philosophieren
und uns an uns erfreuen.

Heimatlich

Morgens der Amselgesang,
wir sind da, hellwach,
höre dir zu.
Geheime Wörter weißt du,
das Schlüsselwort
und das Zaubereinmaleins,
wir sind uns gewogen.

Nachher gehen wir fort
und kehren wieder heim,
solange es währt,
wir gelassen werden.
Kennen den Weg,
immer noch.
Wir verweilen uns.

Bewegungen

Bin umstellt:
Rilkes duffe Tauben
in deutschen Linden,
Fernweh-krank,
kukurukrah, und
Amsel, Fink und Spatz,
und Eichs kluger Rabe,
krahkrahrukuh.

Blick in die
blaue dunkle Ewigkeit,
wissen zu lieben und
Gewissheit des Sterbens.
Die Wesenheiten wahrnehmen,
zuhören, erinnern.
»Was denn mehr noch?«,
hast du gefragt.

Hotel

Tristes Stillleben,
müde, erschöpft,
im Fernseher Talk-Crime-Sex,
schlafen, nur noch schlafen,
kehre bald heim.

Auch im Traum schwer
noch auf Reisen,
doch plötzlich du, kommst
froh ins Zimmer,
und wach liegen wir lange,
erzählen von früher.

Beginnt der dämmrige Tag
noch müde, unbehaust,
das Stillleben vor mir.
In Gedanken bei dir,
heimzukommen in die Wärme
der Tage und der Nächte.

Dialog

Zwei Greife umeinander
in der Thermik,
»Hiääh! Schon gespeist?«
»Hiääh! Ein paar Mäuse
und ein Häschen!«
Dann weiter, hiääh,
höher und höher
in Kreisen, hiääh, hiääh,
der Sonne entgegen,
zwei Punkte nur noch
in der gebläuten
Himmelsweite.

Coq au Vin

Was sich über Nacht angesammelt hatte,
das Vor- und Nachgedachte,
Überkommene, wie ein Blick
in den Brunnen oder den Himmel,
das wir uns beim Frühstück wiederholten,
die empfohlenen 32-mal wiederkauten
und dann für immer vergaßen.
Ungern putzte ich die Schuhe
sonntags für die Familie,
du kochtest die Vorsuppe,
der Hauptgang nannte sich Coq au Vin, dazu
ein Cabernet Sauvignon aus dem Bordelais,
auch Nachtisch-Parfait.
So lebten wir einträchtig Tag für Tag,
bis wir voneinander Abschied nahmen.

Behaust

Du hast mir einen Hühnergott geschenkt
hast mir die Märchen erzählt
von Feen und Zwergen,
Frau Holle, Rotkäppchen, dem bösen Wolf …
Schon mal vom Rübezahl gehört?
Von Schneeweißchen und Rosenrot?
Die Sagen, Legenden und Geschichten,
die wir uns erzählten
im Winter in der warmen Stube.

Seither begleitet mich Apoll,
Gott des Lichts und der Dichtkunst,
und Hyperion, Sohn des Uranus und der Gaia,
Vater des Helios und der Eos,
lässt es morgens hell werden,
Christophorus hilft uns über den Fluss,
Sankt Georg beschützt unser Haus
und nachts erscheint die silberne Luna,
spendet uns den heilenden Schlaf.

Für Dich

Ja, wir werden älter,
wir werden alt,
aber Du bleibst
die Schönste,
die Klügste,
die Liebste.

»Seht nur«, sagen die Leute,
»da geht sie.
Ist sie nicht schön?
Ist sie nicht klug?
Seht nur, da geht sie.«

Dein Gedicht

Mal für Mal versuchen,
einfach zu leben,
als wäre alles im Lot,
hält ein paar Tage vor.
Auch wenn das Grauen
zwischen den Zeilen
triumphiert.
Atemholen mit dir,
ein Gedicht,
das uns den Tag
erträglicher macht.

INHALT

I Die Frage

II Alles fließt

III Sommerfarben

IV Aus der Zeit

V Feindlich

VI Hoffnung

VII Gerüchte

VIII Wetterwechsel

IX Irrungen

X Umeinander

Ebenfalls erhältlich:

Auf Reisen, wie auch im politischen Geschehen, hat Wolfgang Bittner den Blick fürs Wesentliche. »Was aber ist das Wesentliche?«, fragt er in einem seiner Gedichte. Faszinierend seine überraschenden Wendungen und eine lyrische Empfindsamkeit, die ihresgleichen sucht.

»Seine Sprache ist meisterhaft, sein humaner Ansatz imponierend.«

Neue Rheinische Zeitung

»... wohltemperiert, mit souveränem Überblick und großer stilistischer Sicherheit.«

Hessische/Niedersächsische Allgemeine

116 S., Paperback, ISBN: 978-3-86906-686-8, € 12.50